Julio Zelaya, PhD
Silvia Arce, PhD
Beatriz García, PhD

CICLO DE VIDA DEL EMPRENDIMIENTO;
GUÍA RÁPIDA DE APLICACIÓN DE
LA TRAVESÍA: EL PODER DE EMPRENDER.
Guatemala, Centroamérica, 2023.

60 p: 23 cm.

1. Etapa de Inicio.
2. Etapa de Crecimiento.
3. Etapa de Declinación.
4. Etapa de Reinvención.

Edición 2023

ISBN 9798391569145
Diseño y diagramación: YCREA

Fotografía de Portada
© Eric Gevaert I Dreamstime.com

CICLO DE VIDA DEL EMPRENDIMIENTO

GUÍA RÁPIDA DE APLICACIÓN DE
LA TRAVESÍA: EL PODER DE EMPRENDER

¿Cuál es su propósito?, ¿Qué le apasiona?, ¿Cuáles son sus habilidades?, ¿Qué beneficios le traerá? Tiene la oportunidad de escribirlo a continuación.

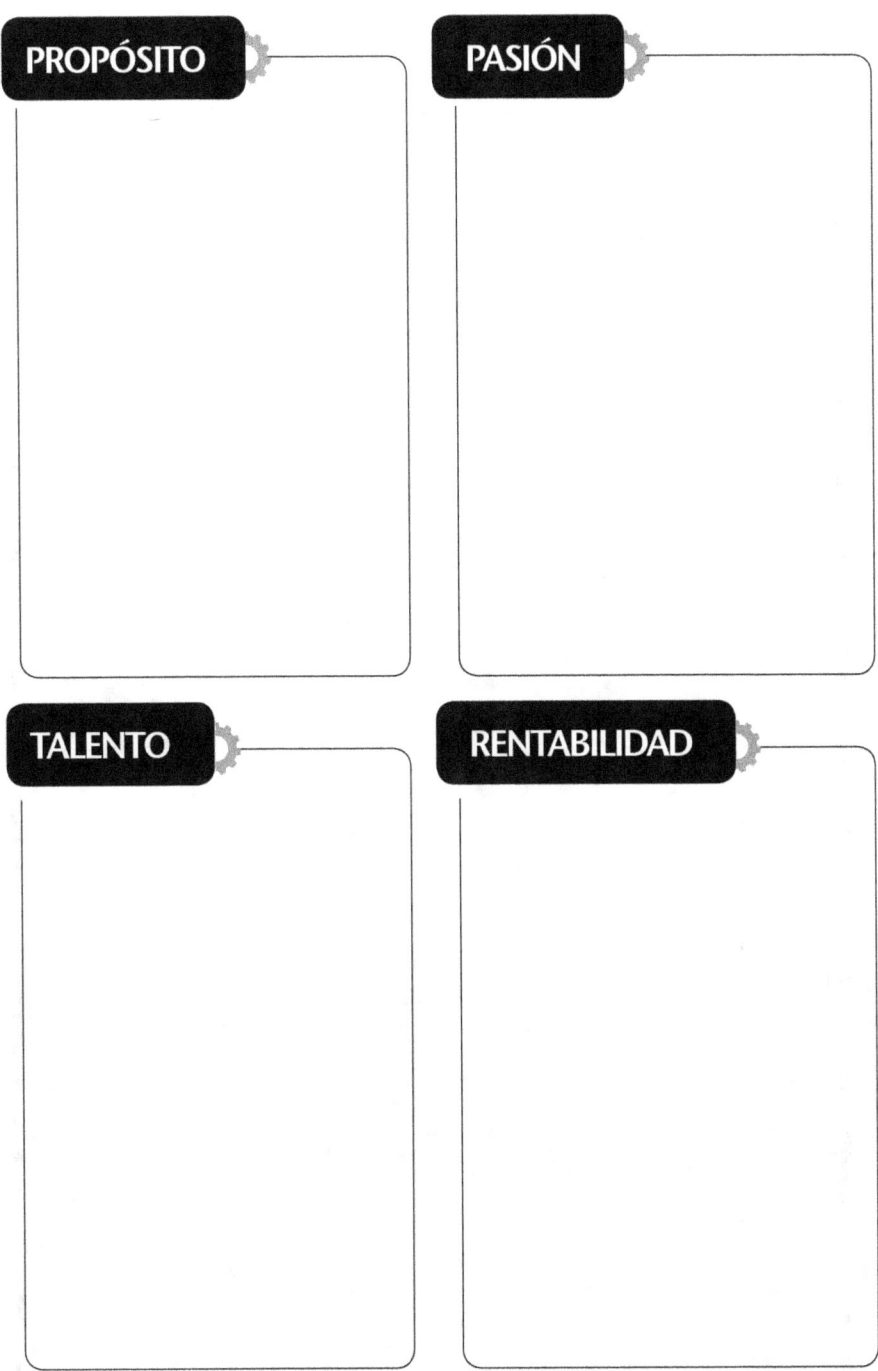

PROPÓSITO

PASIÓN

TALENTO

RENTABILIDAD

Mis prioridades de Desarrollo

En el siguiente espacio puede listar las actividades que debe desarrollar para alcanzar su objetivo.

Zona de Aprendizaje

Utilice estos apartados para escribir sus nuevos aprendizajes.

Zona de Acción ⟶ DEL SUEÑO A LA REALIDAD

Escriba su sueño y luego identifique qué actividades realizará para alcanzarlo.

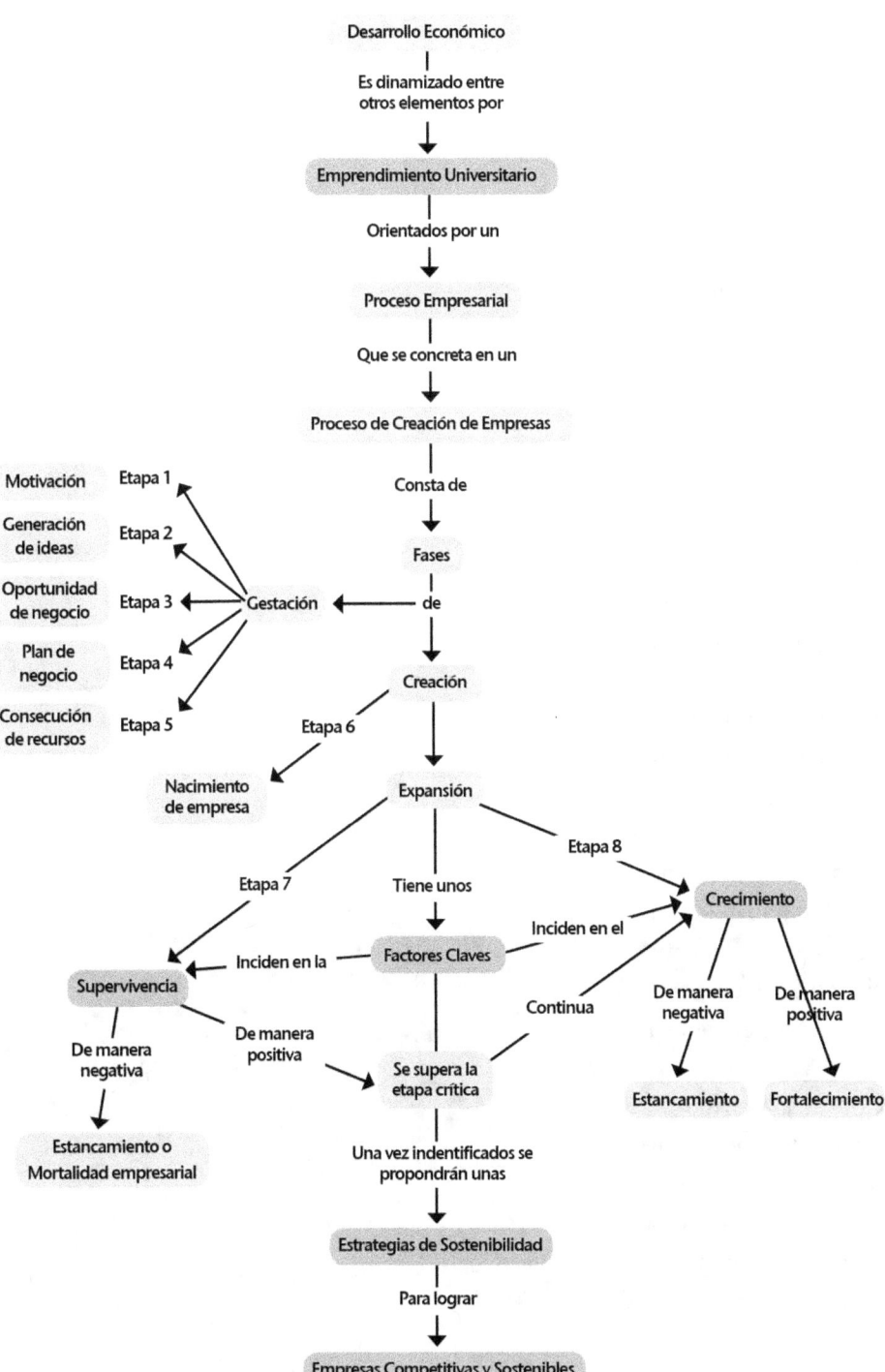

Ciclo de vida del emprendimiento; tomado

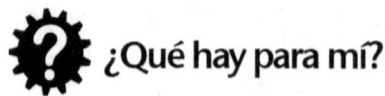 **¿Qué hay para mí?**

¿Se recuerda de la famosa canción Mi Árbol y Yo?
He aquí algunas de sus estrofas...

Mi madre y yo lo plantamos
en el límite del patio,
donde termina la casa.
Fue mi padre quien lo trajo
yo tenía cinco años
y él apenas una rama.

Al llegar la primavera
abonamos bien la tierra
y lo cubrimos de agua
con trocitos de madera,
hicimos una barrera
para que no se dañara.

Mi árbol brotó, mi infancia pasó,
hoy bajo su sombra que tanto creció,
tenemos recuerdos mi árbol y yo.
Muchos años han pasado
y por fin he regresado
a mi terruño querido
y en el límite del patio
ahí me estaba esperando
como se espera a un amigo...

Parecía sonreírme
como queriendo decirme
"mira... estoy lleno de nidos",
ese árbol que plantamos
hace veintitantos años
cuando yo sólo era un niño.

Alberto Cortez

Precisamente el ciclo del emprendimiento es similar al proceso de siembra y cosecha:

En la primera etapa (inicio) nos preocupamos de desinfectar y abonar la tierra, "preparar el terreno" dicen los agricultores y es que, si la tierra no está libre de parásitos y bien abonada, difícilmente germinará algo en ella; luego, con cuidado, se entierran las semillas con la ilusión de que florezcan. En esta etapa, el emprendedor requiere preparar el terreno para que su empresa florezca; es decir, debe hacer una cuidadosa planificación de su negocio.

Luego de que la semilla se ha sembrado en suelo fértil, esperamos que germine pero no la dejamos abandonada a su suerte. Periódicamente nos preocupamos de que no haya maleza que le impida el crecimiento, mantenemos el suelo húmedo, la abonamos y nos aseguramos que no haya insectos que pudieran impedir su crecimiento. En esta etapa –crecimiento - el emprendedor nutre su negocio: organiza el trabajo, selecciona y contrata al mejor personal, asigna los recursos, promociona, etc. Nutre su empresa.

Cuando la semilla germina, comienza a crecer y se va convirtiendo, poco a poco, en un árbol más fuerte que comienza a dar sus frutos. Es lo mismo que sucede con el emprendimiento: la empresa madura, se vuelve más sólida y estable pero ese crecimiento dependerá – al igual que el de la semilla – de que se le riegue y se le abone.

En la cuarta etapa, declinamiento, el árbol puede llenarse de hongos o de parásitos; es necesario podarlo para que los nutrientes que toma del suelo se distribuyan adecuadamente. De la misma manera, al llegar a esta etapa el empresario debe decidir entre dejar que la empresa tenga su declive o bien, innovar o reinventarse con el propósito de seguir cosechando.

Finalmente, las semillas del árbol que, por acción de la gravedad o de los pájaros y otros animales, han caído al suelo, comienzan a multiplicarse (ebclosión). El emprendedor, en esta etapa, reinvención, innova su negocio para seguir satisfaciendo las necesidades cambiantes de sus clientes.

¡Se sorprendería al saber qué porcentaje de empresas se han reinventado!

En eso consiste, precisamente, el ciclo del emprendimiento.

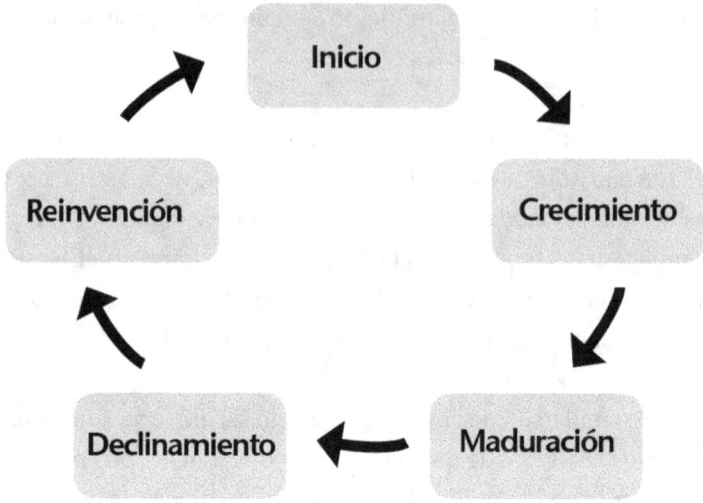

¿Cuál es el Objetivo del Curso?

Comprender en qué consiste el ciclo del emprendimiento.

Determinar qué acciones deben realizar en cada etapa.

Para alcanzar ese objetivo, se desarrollan los contenidos que se listan a continuación.

Contenidos

✓ **Etapa de Inicio**
✓ **Etapas de Crecimiento y Maduración**
✓ **Etapa de Declinación**
✓ **Etapa de Reinvención**

Le invitamos entonces a hacer un recorrido a lo largo de sus distintas etapas.

¡Bienvenido!

 **Evaluación**

Pensando en las deficiencias, que usted ha observado en distintas empresas ya sea porque recibió un servicio o laboro en ellas; usted podría identificar 10 tareas que le permitan iniciar su negocio, y concretar su sueño. ¿Cuáles serian sus estrategias para diferenciarse y no cometer los mismos errores que los demás?

Paso No.	Tarea	Estrategia
1		
2		
3		
4		
5		
6		
7		
8		
9		
10		

"La mejor

manera de predecir el futuro es…inventándolo".

Peter Drucker

Etapa de Inicio

Para enfrentar el mundo de hoy, necesitamos más de un comportamiento creativo que de uno inteligente.

Guilford

En la etapa de inicio de un emprendimiento, se comienza a visualizar y a madurar una idea y a reconocer en dónde hay una oportunidad; la idea se evalúa, se contrasta, se decide. Una vez tomada la decisión, se diseña la estrategia para concretarla y debe elaborar el plan de negocios.

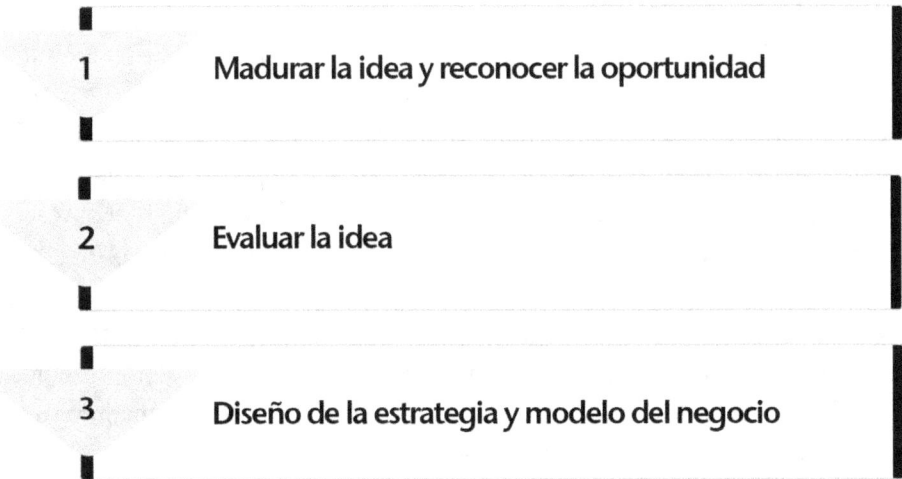

1	Madurar la idea y reconocer la oportunidad
2	Evaluar la idea
3	Diseño de la estrategia y modelo del negocio

1.1 Madurando la idea y reconociendo la oportunidad

Una buena idea permite convertir la creatividad de un emprendedor en una oportunidad; todas las empresas han comenzado de esa forma y sí que ha habido ideas originales que han simplificado la vida de todos los habitantes del planeta. Una de ellas es el velcro, esa cinta que usamos para unir las cosas y que, en buena medida, ha sustituido al ziper y a los botones. Su origen es muy original. A mediados del Siglo XX George de Mestral, un ingeniero suizo, salió como muchas mañanas a pasear con su perro a la montaña. Pero ese día, durante el paseo, su pantalón y calcetines y los pelos de su perro, se llenaron de las semillas del árbol cardo alpino que son muy difíciles de desprender. Intrigado, examinó cuidadosamente las semillas y se percató que, en lugar de una textura lisa, estaban recubiertas por miles de pequeños ganchos que se adherían a los tejidos. Luego de varias pruebas con materiales sintéticos, de Mestral logró convencer a los fabricantes para que invirtieran en su idea y el velcro se patentó en 1957.

Otra idea surgida al azar fue la que tuvo, en 1933, Ruth Wakefield, administradora de un pequeño hotel llamado TollHouse en Whitman, Massachusetts. Su receta para hacer galletas de mantequilla requería chocolate para hornear, pero no tenía en ese momento. En su lugar, cortó en pedazos una barra de chocolate en pedazos que mezcló con la masa pero que no se derritió ¿El resultado? Las galletas TollHouse, con chispas de chocolate que patentó Nestlé y en cuyo empaque, todavía hoy, aparece la receta.

Otras ideas han nacido de la experiencia laboral que han tenido los emprendedores. En el libro The illusions of Entrepreneurship, de Scott Shane (2008) se reporta que los resultados de una investigación desarrollada para la Fundación Kauffman, arrojaron que el 92% de los negocios creados en los Estados Unidos en el año 2004, habían surgido de empresarios con experiencia en el sector en el que emprendieron; la media de años de experiencia fue de 10.   En otro estudio conducido por la Federación Nacional de Negocios Independientes, el porcentaje de emprendimientos relacionados con la experiencia laboral fue del 43%.

De acuerdo con Amar V. Bhide, catedrático de la Harvard Business School, el 71% de los emprendedores reproducen una idea identificada en su anterior empleo, mientras que el 20% la encontraron de manera accidental; el resto maduró su idea a partir de investigaciones sistemáticas.

El Panel de Estudio sobre la Dinámica de Emprendimiento encontró que el 56% de los fundadores de nuevas empresas en los Estados Unidos atribuyen la identificación de su nueva idea de negocio a su experiencia en un determinado mercado o sector de actividad. Además demostró que el 31% de los emprendedores encuestados habían madurado su idea a partir de discusiones con clientes reales o potenciales.

1.2 Evaluación de la idea

Tome en cuenta que una persona creativa ve un problema, tiene una idea, hace algo sobre ella y tiene resultados positivos. ¿Acaso Leonardo Da Vinci no fue creativo? Pues bien, quizá parte de su éxito se deba a que siempre que iniciaba un proyecto, utilizaba la técnica SMART (por sus siglas en inglés) que le garantizaba alcanzarlo.

SIGLA	PALABRA EN INGLÉS	PALABRA EN ESPAÑOL
S	Specific	Específico
M	Measurable	Medible
A	Achievable/Accountable	Alcanzable
R	Relevant / Realistic	Relevante / Realista
T	Time	Tiempo

El uso de esa técnica ha dado emprendimientos sorprendentes ya que es una forma de asegurarse que su idea es específica (céntrese en una sola cosa), medible (la puede cuantificar), alcanzable (realista), relevante (a muchas personas le hará sentido), con un tiempo definido (establezca un plazo) y tiene un mecanismo de rendición de cuentas (para usted o para sus posibles socios).

Por ello, cualquiera que sea su idea, plantéese las preguntas siguientes:

Pregunta	SI	NO	NO SÉ AÚN
¿Ofreceré algo que realmente agregue valor a su usuario?			
¿Estoy dispuesto a invertir tiempo a esta creación?			
¿Estoy dispuesto a esforzarme por esta creación?			
¿Estoy dispuesto a perder dinero?			
¿Estoy dispuesto a perder tiempo?			
¿Está dispuesta mi familia a que me dedique a esta empresa?			
¿Estoy dispuesto a ganar menos de lo que actualmente gano?			
¿Estoy dispuesto a trabajar más horas de las que actualmente trabajo?			
¿Estoy dispuesto a tener menos tiempo para mi vida personal?			
¿Estoy dispuesto a tener alta variabilidad en mis ingresos?			
¿Estoy dispuesto a tener alta variabilidad en mis egresos?			
¿Estoy dispuesto a renunciar de mi trabajo por esta idea?			
¿Estoy dispuesto a asumir deudas por esta idea?			
¿Estoy dispuesto a vender mis bienes por esta idea?			
¿Estoy dispuesto a minimizar mi presupuesto por esta idea?			

Si, a la mayoría de preguntas respondió "si", llegó el momento de diseñar la estrategia y su plan de negocios.

1.3 Diseño de la Estrategia y Modelo del Negocio

Una estrategia es un conjunto de acciones que se llevan a cabo para lograr un determinado fin. Proviene del griego ΣΤΡΑΤΗΓΙΚΗΣ Stratos = Ejército y Agein = conductor, guía. En resumen, contesta la pregunta "¿Cómo lo lograremos?" El rol de la estrategia es escoger entre alternativas; la que más le garantice el éxito. Estas estrategias deben formar parte de un modelo de negocio.

En lo que respecta al modelo de negocio, la mayoría de emprendedores consideran que el propósito del plan es conseguir capital pero no es así. A pesar de que un buen modelo de negocio ayuda en ese sentido, su principal propósito es ayudar a los empresarios a lograr un profundo entendimiento de la oportunidad que están visualizando. Muchos emprendedores tratan desesperadamente de concretar sus ideas para conseguir ganancias que quizás nunca llegarán porque no tienen el conocimiento profundo del modelo de negocios que están emprendiendo. Por lo tanto, invertir un tiempo en hacer un detallado plan de negocios puede salvar al emprendedor de perder mucho dinero por aventurarse a navegar en aguas desconocidas. Para elaborar un plan de negocios siga los pasos siguientes.

MODELO DE NEGOCIO (Business Model Canvas):

Anteriormente era común utilizar el Plan de Negocios, las nuevas tendencias nos indican una forma didáctica y funcional de hacer un mapeo completo del negocio, estos son los elementos que se constituyen en un Modelo de Lona:

Socios Clave	Actividades Clave	Propuesta de Valor	Relación con Clientes	Segmentos de Clientes
	Recursos Clave		Canales	
Estructura de Costos		Fuentes de Ingreso		

Segmentos de clientes: La base de la empresa son los clientes, así que hay que conocer cuales son las necesidades de la población meta, a la que quiere llegar la empresa. Se puede preguntar ¿Cuáles son los clientes más importantes? ¿Hacia que publico se dirige?

Propuesta de valor: La propuesta de valor habla de como una empresa puede solucionar el problema del cliente, dando como respuesta los productos o servicios de la empresa, de acuerdo a las necesidades del cliente. Esto hace que el cliente regrese o cambie de compañía.

Canal: Es un aspecto muy importante en el modelo de negocio, ¿Cómo se va entregar el producto o servicio al cliente? Es el canal comunicación que se tiene con el cliente al ofrecer nuestro producto, puede ser de forma directa (negocio propio) indirecta (distribuidores).

Relación con el cliente: Es un aspecto crítico para el éxito del negocio, y el más difícil de tangibilizar, ¿Cómo son las relaciones con el cliente? ¿Qué percepción tiene el cliente de la empresa y el producto?

Flujos de Ingresos: Es lo que se refiere a los ingresos económicos en efectivo dentro de la organización, por medio de las ventas, suscripciones de acuerdo a la propuesta de mercado que la empresa ofrezca.

Recursos Claves: Para llevar a cabo la propuesta de mercado se necesita el producto o servicio que la empresa quiere ofrecer o vender. Se debe tener en cuenta que tipo de producto es el que vende la empresa, que cantidades, con cuanta intensidad.

Actividades Claves: Para entregar el producto al cliente, es necesario no solo el producto, sino que actividades clave hace la empresa tanto dentro como fuera para vender el producto por ejemplo; el proceso de producción, marketing y otros.

Socios Clave: Se refiere tener alianzas con otras empresas para ejecutar el modelo de negocio, para que nuestra empresa tenga garantía, complemente nuestra capacidad, optimizando los recursos y reduciendo la incertidumbre. Los socios pueden ser nuestros competidores, no competidores y otros.

Estructura de Costos: Se trata de modelar la estructura de costos de la empresa, habitualmente se da en las actividades y recursos antes mencionados. Se trata de conocer y optimizar los costos fijos.

Aunque hay distintos modelos, la estructura sería más o menos la siguiente:

I. Introducción a la Empresa o Negocio:

1.1 Orígenes de la empresa.

1.2 Objetivos y filosofía de la empresa. Definición de la misión, Visión y Valores (Qué, cómo y para quién)

1.3 Características de la empresa.

1.4 Composición y organización.

1.5 Recursos humanos. Equipo directivo. Equipo operativo.

1.6 Recursos físicos.

1.7 Expectativas de socios y clientes.

II. Naturaleza del Proyecto:

2.1 El producto o servicio.

2.1.1 Productos actuales y características.

2.1.2 Estrategia operativa (productiva o de servicios).

2.1.3 Precios, ventas y costos.

2.2 Valoración global del proyecto y coherencia .

III. Mercadeo y estrategia:

3.1 Identificación del target (segmento) del mercado objetivo.

3.2 Análisis de la competencia.

3.3 Estrategia de precios.

3.4 Promoción y publicidad.

3.5 Distribución.

3.6 Previsiones.

3.7 Plan de Mercadeo.

IV. Producto o Servicio:

4.1 Especificaciones del producto o servicio.

4.2 Área de producción.

4.3 Equipos e infraestructura.

V. Organización y Plan del Trabajo de Desarrollo del Proyecto:

5.1 Aspectos generales de la organización.

5.2 Marco legal de la organización.

5.3 Plan de trabajo para el desarrollo del proyecto.

VI. Aspectos Económicos - Financieros:

6.1 Determinación de la inversión inicial necesaria.

6.2 Estudio de las fuentes de financiación disponibles.

6.3 Proyecciones de resultados.

6.4 Plan de tesorería y Proyecciones.

6.5 Balance de situación.

VII. Conclusiones

En una ocasión, un amigo de la universidad me contó que había diseñado un complejo plan de negocios de más de 80 páginas, detallando una empresa que distribuiría medicinas y cuyos pedidos pudieran realizarse por Internet. Todas las preguntas que un potencial inversionista podría hacer, estaban respondidas en ese documento, incluyendo detalladas proyecciones de ventas y estudios de mercado. La oportunidad se presentó para reunirse con un renombrado inversionista, quien le citó en el aeropuerto a bordo de su jet privado. Mi amigo había preparado una presentación que tenía ya cargada en su computadora personal y tres copias de su plan de negocios. Había estimado que en una hora podría explicar todo el negocio, sus riesgos y sus ganancias. Abordó el jet del inversionista quien, sin mediar palabra le dijo: "Bienvenido. Tienes a partir de este momento tres minutos para contarme tu idea de negocios. Mi colega acá tomará el tiempo." Mi amigo balbuceó, trató de ordenar sus pensamientos en un tiempo corto, pero apenas pudo esbozar la idea. A los 90 segundos, el asistente del inversionista marcó el tiempo. "Gracias", le dijo. "Quería hoy enseñarte una lección. Si tu plan de negocios está claro, con tres minutos puedes hacer una presentación contundente", sentenció. "Nunca olvides esa lección", me contaba mi amigo. "Me enseñó que en cualquier momento podrías reunirte con un socio y, si lo encontraras en un elevador, tendrías a lo sumo tres minutos para contarle tu idea". Mi colega tuvo una segunda oportunidad con el inversionista, quien terminó comprando un 60% del negocio y, hasta la fecha, participan en diversos emprendimientos.

¿Puede presentar su idea en solamente tres minutos?

Si su propósito está claro usted sabrá qué meta alcanzar; si no, recuerde el diálogo entre Alicia y el Gato Risón en el famoso cuento de Lewis Carroll "Alicia en el País de las Maravillas" cuando Alicia se encuentra en una encrucijada de varios caminos y no sabe cuál tomar. "¿Qué camino tomo?", pregunta Alicia al Gato Risón "¿A dónde vas?", le responde. "No sé", dice Alicia. "Entonces cualquier camino te lleva," responde sabiamente el Gato Risón.

Al respecto, Robert W. Price, Director Ejecutivo del Global Entrepreneurship Institute, dice "Hoy en día, las empresas deben privilegiar propuestas de valor capaces de ser cumplidas, y establecer un mapa de ruta para lograr sus objetivos".

Visualizada y madurada la idea, es tiempo de crecer y madurar.

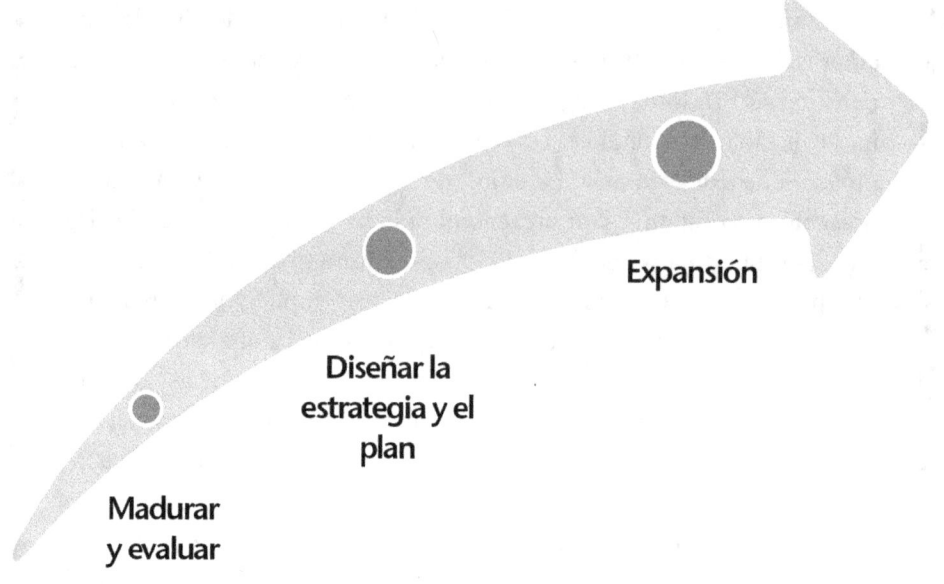

Expansión

Diseñar la
estrategia y el
plan

Madurar
y evaluar

Etapas de Crecimiento y Maduración

Cuando, tras sus primeras etapas, la empresa se consolida, se conoce mejor el
negocio y esto permite incrementar la productividad. Es así como las empresas
encuentran un fuerte techo a su crecimiento que, naturalmente, está determinado
por una innumerable cantidad de factores y decisiones que se tomen. Entre esos
factores está la capacidad para atraer y retener (fidelizar) a los clientes. Para ello,
todas sus acciones (políticas de calidad, promoción, fijación de precios, atención,
etc.) deben ser congruentes y tener siempre presente al cliente. ¿Cuántas yardas
de velcro dejarían de venderse si éste fuera más caro que un ziper o si se despegara
frecuentemente? Recuerde además que la diferenciación es la cualidad por la que
sus clientes escogen sus productos o servicios. Si usted ofrece lo mismo que la
competencia, al mismo precio, no logrará retenerlos.

Tome en cuenta estos otros consejos.

- Enfóquese en lo que la empresa hace. Tony Fadell llevó a Apple la idea de fabricar un reproductor de audio; tras un trabajo de nueve meses, Apple lanzó al mercado el IPOD logrando vender, para noviembre de 2008, más de 175 millones de unidades con ingresos de varios billones de dólares creando además una industria de accesorios que Business Week valoró en más de un billón de dólares para Estados Unidos. Sin embargo, el CEO de Apple, Steve Jobs (quien precisamente falleció el día que se escribía esto), no quiso participar en la fabricación y venta de accesorios. "Ese no es nuestro negocio", dice. Nuestro negocio es crear herramientas para mentes creativas.

- Resuelva, a tiempo, los problemas que se presenten. El CEO de General Electric afirma: "Cuando tenemos un gran problema, elegimos a diez ejecutivos y los encerramos hasta que encuentren la solución. Cuando esto ocurre, deben ejecutarla de inmediato."

- Atraiga, retenga y gestione a su personal; su personal es el recurso más valioso de su empresa; es su capital humano. Desarrolle sus capacidades, ofrézcales retos que pueden alcanzar y entonces ofrézcales más; hágales sentir que sus ideas son bienvenidas. Logre que se alineen con la misión. Cuentan que RayKroc, quien es responsable de la expansión de Mc Donald's visitaba regularmente los negocios durante sus viajes y evaluaba la gestión de sus gerentes por los cuatro valores clave de Mc Donald's: Calidad, Servicio, Limpieza y Precio justo. Sin embargo, mantenga una nómina pequeña; el índice de productividad Masushita establece que, salvo aquellas empresas de mano de obra intensiva, por cada cien mil dólares de ventas anuales no debe haber más de un empleado. Delegue responsabilidades pero asegúrese de que sabe en quién.

- Evalúe el cumplimiento de sus metas. Establezca controles que le permitan determinar qué tan cerca o tan lejos está de alcanzarlas (mantenga visible el Plan de Negocio).

- Diferénciese de su competencia; no se limite a imitarlos y bajar los precios para competir tampoco es una buena idea.

Steve Kaplan, en su libro Sea el elefante. Edifique una empresa más grande y mejor, aconseja

- Para asegurar la continuidad de su empresa es imprescindible comprender sus finanzas: cuántos ingresos mensuales tiene; cuántos egresos mensuales tiene.

- Comuníquese con los clientes para obtener ideas para nuevos productos. Si comparte con sus clientes ideas acerca de los productos que prevé incorporar, ellos se comprometerán a que usted alcance resultados satisfactorios.

- Motive a su equipo de ventas a través de incentivos.

- Todas las estrategias de expansión se basan en el crecimiento vertical u horizontal, o bien en una combinación de ambos.

- Para identificar las mejores oportunidades, evalúe la relación entre recompensas y riesgos.

- Identifique sus "promesas únicas de venta" para destacar el valor de sus productos en diversos segmentos de clientes.

- Sus marcas deben transmitir ágilmente su mensaje de marketing.

- A medida que su compañía crezca, cuide a los empleados que contribuyeron al éxito del negocio. Diseñe nuevos procesos sin despreciar los métodos tradicionales.

- Cuando su compañía crece, su capacidad de liderazgo es fundamental para alcanzar el éxito.

Relacionado con	Preguntas mínimas que se debe hacer	Cosas que debe tomar en cuenta
Productos	¿Cómo calificaría el producto en términos de 1) atractivo para el cliente, 2) impacto financiero, 3) impacto en la organización,4) requerimiento de atención por parte de los líderes, 5) importancia para el negocio principal, 6) riesgos generales, 7) dificultad de implementación,8) posibilidades adaptación a los métodos operativos actuales, 9) posibilidad de éxito cuantificable en indicadores claros y 10) cualquier otro factor que resulte pertinente para su industria?	Mientras más analice todas las posibilidades y limitaciones de su nuevo emprendimiento, más posibilidades tiene de lograr el éxito.

Personal	¿Está claro el organigrama y las descripciones de cada puesto? ¿Qué competencias (conocimientos, habilidades y actitudes) deberá tener el personal que se contrate para llenar los puestos vacantes? ¿Cuál debería ser el modelo de compensaciones por su trabajo? ¿Están enfocados en resultados? ¿Los procedimientos son claros? En general ¿están satisfechos con su trabajo y se identifican con la empresa? ¿Qué modelo de formación debería diseñarse para que respondan a la misión de la empresa?	Recuerde que la utilidad depende tanto de los ingresos como de los egresos. Por ello, antes de contratar más personal, evalúe si puede re-organizar al que ya tiene desarrollando las competencias que necesitan. Analice si pueden tener más responsabilidades compensándolos mejor.
Oportunidades y Amenazas	¿Qué oportunidades me ofrece la estrategia de crecimiento seleccionada? ¿Qué amenazas supone la estrategia de crecimiento seleccionada? ¿Cómo mejoro mi servicio al cliente?	Antes de decidirse por la estrategia a utilizar, elabore un FODA o un análisis de las 5 fuerzas de Porter para asegurarse que es la estrategia adecuada; minimice los riesgos. Caracterice a su cliente (qué es lo que valoran de lo que usted ofrece); sólo si los conoce, podrá incrementar sus ventas. El servicio al cliente es indispensable. Cuando Meg Whitman se hizo cargo de eBay, las ventas alcanzaban los 6 millones de dólares anuales y el servicio al cliente era incipiente. Invirtió en institucionalizar un poderoso servicio al cliente y el monto de las ventas se incrementó sustancialmente.

Fortalezas y debilidades	¿Cuáles son mis fortalezas para enfrentar la estrategia seleccionada? ¿Cuáles son mis debilidades para enfrentar la estrategia seleccionada?	Antes de decidirse por la estrategia a utilizar, elabore un FODA; identifique qué fortalezas puede incrementar y qué debilidades debe superar.
Contexto	¿Qué cambios se están dando en el contexto o se darán en el corto y mediano plazo?	Esté atento a los cambios que se prevén en el corto y mediano plazo: legislación, tratados de libre comercio, tendencias del mercado, etc. Si tiene el conocimiento que se requiere, podrá anticiparse a los cambios y verlos como ventanas de oportunidad.
Negociación	¿Es suficiente mi flujo de efectivo? ¿Cómo me perciben mis probables fuentes de financiamiento? ¿Tengo la capacidad para manejar las finanzas de la empresa?	Ponga los pies en la tierra; establezca una excelente estrategia financiera; contrate un Director financiero si es necesario; conviértase en un experto en la interpretación de las proyecciones financieras y no apueste todos sus recursos a una sola estrategia o idea.

Y ante todo, recuerde que se lidera con el ejemplo (sus palabras y sus acciones deben ser coherentes). En **BuilttoLast, Jim Collins** aporta un sabio consejo: no hay que descartar los principios básicos, dice, sino aplicarlos mejor.

Y, aún siguiendo todas esas estrategias y principios, esté consciente que llegará un momento en que la empresa, el producto o el servicio atraviesen por una etapa de declinamiento. No obstante, si usted tomó las previsiones necesarias, es posible atravesarla sin mucho desgaste.

Declinamiento

**Crecimiento y
maduración**

Diseño

Etapa de Declinamiento

Para expandir el techo de crecimiento, se debe estudiar y gestionar el conocimiento en la organización ya que, sin esa gestión continua, se seguirán cometiendo errores, los costos no reducirán, la atención al cliente no mejorará y la rentabilidad se verá disminuida. ¿El resultado? Un desgaste enorme para los propietarios, el abandono de los clientes: ahora la pérdida de clientes es más rápida, el abandono de los empleados que son sustituidos por otros menos productivos y sin compromiso alguno con la empresa, un sistema de control que no evita los fraudes y los errores en la toma de decisiones que, a su vez, generan pérdidas, la entrada de nuevos competidores que, como usted, ven una ventana de oportunidad, etc.

Así como hay muchos factores vinculados al crecimiento y maduración de una empresa, hay muchísimos otros ligados a su declinación. Algunos de esos factores son:

- Carencia de una cultura organizacional que apoye el crecimiento.
- Tasas altas de rotación de personal que lo abandona por estar inconforme con su remuneración o con lo que hace.
- Falta de sistemas de información y control lo que incide en un desconocimiento de la situación real.
- Falta de satisfacción de los clientes.
- Mal uso de los ingresos.
- Exceso de inventario.
- Exceso de endeudamiento.

La manera en que usted controle esos factores, le permitirá reinventarse como lo hizo ADOC.

Adoc fue una zapatería líder en Centroamérica durante más de 20 años. Pero, la entrada masiva de Payless Shoesource y la agresiva campaña de renovación de Best Brands, los hicieron sufrir. Minor Alfaro Para, Gerente de Ventas en Costa Rica afirma: "Claro que sufrimos con las expansiones, pero hemos ido ganando terreno de nuevo y calamos en otros sectores sociales con los nuevos formatos". Pero, en 2010, comenzaron a recuperar el terreno perdido. ¿Cómo? La calidad, ante todo, dice Alfaro pero se dieron a la tarea de producir nuevas marcas y remodelar las tiendas, naturalmente enfocados en la atención al cliente.

En línea: http://www.revistasumma.com/economia/8642-se-renueva-el-negocio-de-zapaterias-en-la-region.html; fecha de consulta: 25 de octubre de 2011.

Etapa de Reinvención

En el mundo del emprendimiento, los emprendedores se enfrentan a interrogantes inquietantes: ¿qué está cambiando? ¿Estamos avanzando muy rápido o nos estamos quedando rezagados? ¿Cómo seguir manteniendo el espíritu de emprendimiento? ¿Qué podemos cambiar o mejorar? Lo importante es formular y responderse esas preguntas antes que sea demasiado tarde.

En 1998 PUMA, la marca de zapatos, se encontraba al borde de la quiebra y, aunque atraía a algunos compradores fanáticos, Nike y Adidas se llevaban los trechos más grandes del mercado. PUMA se dio cuenta que los jóvenes no estaban tan interesados en tener un zapato de alto desempeño sino uno de moda. El CEO de la empresa, Jochen Zeits, cambió el rumbo de la empresa haciéndose varias preguntas.

Pregunta	Respuesta estrategia actual PUMA	Respuesta nueva estrategia PUMA
¿Qué necesidad?	Zapatos para alto desempeño atlético	Verme y sentirme bien con un zapato a la moda
¿Qué cliente?	Atletas	Jóvenes que les interesa estar a la moda
¿Qué precio relativo?	Similar al de la competencia	Más alto que la competencia
¿Cómo lo haré?	Investigación de tecnologías deportivas. Creación de zapatos	Contratación de diseñadores de moda para rock (Philippe Starckand Jil Sander); dar a conocer uso de zapatos por medio de celebridades
¿En qué negocio estoy?	Zapatos deportivos	Moda

Si a la estrategia de PUMA le aplicamos la matriz de cuatro decisiones de Chan Kim y Mauborgne, autores de "La Estrategia del Océano Azul", tendríamos lo siguiente:

¿Qué debemos **ELIMINAR**?	¿Qué debemos **AUMENTAR**?
Características tecnológicas del zapato. Empaque monótono.	Reconocimiento de marca. Capacidad de innovación. Inversión en campañas selectivas.
¿Qué debemos **REDUCIR**?	¿Qué debemos **CREAR**?
Número de modelos de zapatos. Inversión en campañas publicitarias masivas.	Diseños de moda. Participación de zapatos tenis en desfiles de moda. Empaques llamativos.

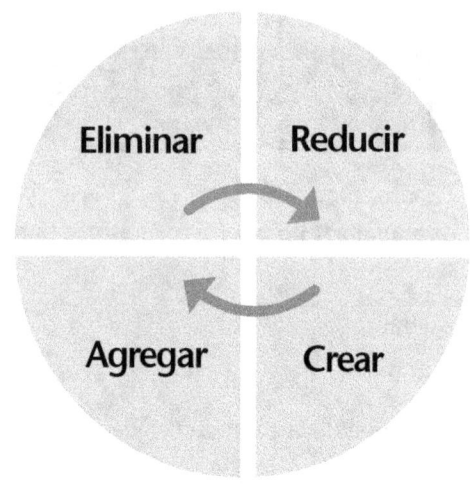

El resultado: PUMA reinventó el zapato tenis en Europa y luego a nivel mundial. Su estrategia le permitió pasar de ser una empresa al borde de la quiebra a una que factura billones de dólares anualmente. Pudo escoger el camino de **efectividad operacional,** que es hacer lo mismo que hace la competencia pero más rápido o mejor, o el camino de **efectividad estratégica**, que es escoger un camino totalmente diferente. ¿Cuál es más riesgoso? Por supuesto que el camino de la efectividad estratégica, pero sin duda es el más rentable.

	Efectividad Operacional	Efectividad Estratégica
Definición	Más rápido que la competencia.	Valor excepcional para el cliente.
	Más barato que la competencia.	Su propuesta de valor se percibe como único, diferente a sus competidores.
Implementación	Más fácil: se compara con competidores. Menor conocimiento de cliente.	Más complejo: no hay comparación. Conocimiento a profundidad de cliente.
Rentabilidad	A lo sumo, un poco mayor a la competencia.	Mayor pues su negocio determina el margen de acuerdo al problema que resuelve. Mayor riesgo asociado.

Por ello, cuando usted decida reinventarse pregúntese lo siguiente:

PREGUNTA	DEFINICIÓN
¿Qué necesidad satisfago?	¿Qué problema resuelvo para mi cliente? ¿Cómo agrego valor al cliente?
¿A qué cliente deseo servir?	¿Quién es mi cliente? ¿Cómo comprará mi producto o servicio? ¿Dónde comprará mi producto o servicio? ¿Cuántos clientes existen?
¿Qué precio relativo cobraré?	¿Cuánto pagaría el cliente por mi producto o servicio? Más precisamente, ¿Cuánto pagaría por la necesidad o el problema que le resolveré? ¿Cómo pagaría?

¿Cómo lo haré?	¿Cuál será mi estrategia? ¿Cómo seré diferente? ¿Cómo aseguraré que el cliente conozca el problema que le resuelvo?
¿En qué negocio estoy?	¿Qué estoy vendiendo en realidad? Hágase esta pregunta en términos de su cliente, no de lo que usted ofrece. Por ejemplo, si usted vendiera barrenos eléctricos, está en el negocio de "agujeros".
¿Qué debemos eliminar en el negocio?	¿Qué debería eliminar completamente de su propuesta de servicio para cumplir con su estrategia? ¿Qué debería eliminar que el cliente no valora?
¿Qué debemos aumentar en el negocio?	¿Qué debe agregar o hacer más de acuerdo a lo que valora el cliente?
¿Qué debemos reducir en el negocio?	¿Qué debe reducir o minimizar, que no agrega tanto valor para el cliente?
¿Qué debemos crear en el negocio?	¿Qué no existe actualmente pero que agregará valor al cliente y es necesario adicionar?

Recuerde que ninguna ventaja competitiva será eterna. Si usted es único ahora, es cuestión de tiempo mientras que un competidor adopte sus prácticas. Una tarea imprescindible de los emprendedores es innovar y constantemente elevar los estándares de la compañía.

¡Le sorprenderá saber cuántas empresas se han reinventado a sí mismas cumpliendo la inevitable predicción de Byrom: "Asegúrese de cometer un número razonable de errores antes de estrenar el éxito"!

CASO No. 1

El desarrollo de la informática en la India la ha llevado a postularse como una de las próximas potencias mundiales, junto con la marcada evolución en otras áreas estratégicas como: la industria automotriz, la industria farmacéutica, la agricultura y la terciarización (outsoursing) en servicios informáticos. A continuación veremos cómo.

El país de las Soluciones Informáticas

India es un país de contrastes y diversidad, donde se hablan 16 lenguas y 844 dialectos, y ocupa el segundo lugar como el país más poblado del mundo con más de 1000 millones de habitantes.

Esta nación que contaba con más de 350 millones de personas pobres al término de su dominación (1947) dio un gran salto a la modernidad y se crearon plantas industriales, energéticas, automovilísticas, y, posteriormente, se fomentaron las telecomunicaciones y el desarrollo de software. El resultado de todo ello se ve reflejado en los servicios en tecnología e informática que brinda la India en la actualidad.

El término outsourcing (subcontración o terciarización) se ha vuelto una constante para los profesionales hindúes y que se basan en el paradigma de Ganesh Prabhu, Director de negocios de WiPro Technologies:

"Todo lo que se pueda digitalizar se puede subcontratar, y todo lo que se pueda digitalizar y subcontratar, se puede desarrollar directamente en otro país"

Como ejemplos claros de estos servicios informáticos:

Automatización en los procesos de pesca - Los pescadores son guiados hacia el cardumen por medio del proyecto de la Organización India de Investigación Espacial; los satélites detectan las variaciones de temperatura en torno a las reservas de fitoplancton.

Tutorvista - Servicio en línea de tutoría, en la cual un niño de 12 años con conexión a Internet tendrá los consejos necesarios para el desarrollo de sus diferentes materias en la escuela con solo acceder a su tutor virtual.

Desde la década de los 90's, un buen número de renombradas empresas ha venido subcontratando servicios y desarrollos informáticos en la India. Por ejemplo, durante el periodo 1998-99, más de 200 empresas englobadas en el índice Fortune 1000 externalizaron sus necesidades de software a la India. Si empresas como Citibank, Morgan Stanley, AT & T, General Electric, Motorola, General Motors, IBM, Oracle son líderes en sus respectivos sectores, parte de este éxito se debe al eficiente servicio que han recibido de sus subcontratistas de la India. Esto ha creado una industria con un crecimiento medio de más del 50% en el último lustro, convirtiendo a la India en el principal productor de software y servicios tecnológicos del mundo.

Preguntas de reflexión....

1. ¿Cómo se reinventó la sociedad hindú?

2. ¿Qué puede hacer para evitar el declinamiento?

CASO No. 2

La tecnología GPS (Global Positioning System) fue desarrollada por el Departamento de Defensa de los Estados Unidos como un recurso global para navegación y posicionamiento de uso militar y civil que utiliza 24 satélites que orbitan a una distancia de más de veinte mil kilómetros y que funcionan como puntos de referencia para que un receptor en tierra triangule su propia posición. Los satélites funcionan como puntos de referencia ya que sus órbitas son monitoreadas con gran precisión desde estaciones en tierra. Al medir el tiempo de viaje de las señales transmitidas desde los satélites, un receptor GPS en tierra puede determinar la distancia entre éste y cada satélite.

La tecnología GPS

Las aplicaciones civiles no sólo permiten localizar una calle o un restaurante, sino que son empleadas para todo tipo de localizaciones, desde el control de personas con Alzheimer al seguimiento de la migración de las tortugas.

The US Department of Justice se unió con the National Alzheimer's Association para crear Safe Return. Éste es un programa de identificación que une a las personas con enfermedad de Alzheimer que deambulan con sus seres queridos. Por una cuota, las familias pueden registrar a un paciente con Alzheimer. El nombre, la foto, las características de identificación y los contactos de emergencia del paciente son registrados en una base de datos. Los pacientes usan un accesorio (un broche, collar o pulsera) indicando que tienen deficiencias de memoria. Entonces, si el paciente se encuentra deambulando, puede realizar una llamada a la línea telefónica gratuita las 24 horas del día que se enlista en el accesorio de Safe Return. Entonces las agencias de seguridad pública locales pueden usar esta información para regresar a los pacientes que deambulan a sus hogares.

Los expertos afirman que la calidad y precisión de los satélites GPS actuales se está deteriorando gradualmente y es posible que baje hasta el 80% durante el 2012. Es por eso que los investigadores llevan unos cuantos años desarrollando nuevos satélites y sistemas de posicionamiento para paliar esa degradación. Japón hacía público a principios de este año el Michibiki, su satélite GPS experimental lanzado con la intención de mejorar la cobertura y precisión del actual sistema americano en el montañoso país.

Explique cómo cree que se dio el ciclo de vida del GPS

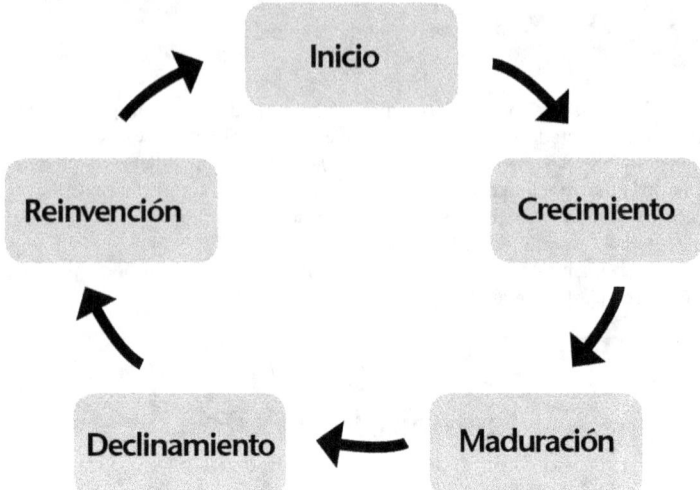

 **Herramienta No. 1**

Esta herramienta es una guía para la auto reflexión. Responda lo que se pide.

ELEMENTO	PREGUNTAS QUE LO DEFINEN	CÓMO SE PERCIBE USTED
Propósito	¿Para qué estoy en la Tierra? ¿Cuál es mi llamado?	
Pasión	¿Qué me apasiona? ¿Qué me hace feliz?	
Talento	¿En qué soy bueno? ¿Cuáles son mis principales fortalezas?	

Luego de su reflexión responda:

¿En qué puedo emprender?

_____

_____

_____

_____

_____

 **Herramienta No. 2**

Como se indicó, la técnica SMART es un punto de partida para hacer plantear un emprendimiento cuyos resultados iniciales puedan ser medidos.

Su idea:		
SIGLA	**SIGNIFICADO**	**En qué medida es...**
S	Específica	
M	Medible	
A	Alcanzable	
R	Relevante / Realista	
T	Realista en el tiempo	

Herramienta No. 3

Según la evaluación que haga de cada criterio, califíquelo de 1 a 5; 1 es el peor escenario posible; 5 es el mejor escenario posible (tome en cuenta que hay criterios que se califican al revés).

	Criterios	1	2	3	4	5
1	Mi idea satisface las características de los posibles clientes.					
2	Los posibles clientes son un grupo reducido.					
3	La idea es fácil de ser imitada rápidamente por la competencia.					
4	Existe una alta probabilidad de que otras empresas ofrezcan productos o servicios sustitutivos.					
5	He identificado a los competidores de la zona.					
6	Los competidores harán una fuerte presión.					
7	Ya hay empresas que se están beneficiando al ofrecer algo similar.					
8	Empresas que ofrecen productos similares han tenido éxito.					
9	Las empresas con cuota importante en el entorno son pocas.					
10	He identificado a los proveedores con quienes podría trabajar.					
11	Los proveedores son pocos.					
12	El grado de dificultad para ponerla en marcha es alto.					
13	Posiblemente el mercado sufra cambios importantes en el corto plazo.					
14	La dificultad para obtener la licencia es alta.					
15	Es posible que, en el corto plazo, tengamos una fuerte demanda.					
	TOTAL					

(Encabezado de columnas: Escala)

Guía para la toma de decisiones:

Entre 51 y 75 puntos	Quizá no sea una buena idea
Entre 26 y 50 puntos	Probablemente sea una buena idea; afínela
Entre 1 y 25 puntos	Es una idea con muchas probabilidades de éxito

Herramienta No. 4

Esta otra herramienta le ayudará a evaluar su idea a partir de la calificación que le de a partir de distintas variables.

Relacionado con	Preguntas mínimas que se debe hacer
Productos	Calificando su idea, producto o servicio (5 es el mejor escenario posible; 1 es el peor escenario posible)

1) atractiva para el cliente

1	2	3	4	5

2) impacto financiero

1	2	3	4	5

3) impacto en la organización

1	2	3	4	5

4) requerimiento de atención por parte de los líderes

1	2	3	4	5

5) importancia para el negocio principal

1	2	3	4	5

6) riesgos generales

1	2	3	4	5

7) dificultad de implementación

1	2	3	4	5

8) posibilidad de adaptación a los métodos operativos actuales

1	2	3	4	5

9) posibilidad de éxito cuantificable en indicadores claros

1	2	3	4	5

10) otros factores pertinentes

1	2	3	4	5

Personal	¿Está claro el organigrama y las descripciones de cada puesto?
	SI / NO
	¿Qué competencias (conocimientos, habilidades y actitudes) deberá tener el personal que se contrate para llenar los puestos vacantes?
	¿Cuál debería ser el modelo de compensaciones por su trabajo?
	¿Están enfocados en resultados?
	SI / NO
	¿Los procedimientos son claros?
	SI / NO
	En general ¿están satisfechos con su trabajo y se identifican con la empresa?
	SI / NO
	¿Qué modelo de formación debería diseñarse para que respondan a la misión de la empresa?
Oportunidades y Amenazas	¿Qué oportunidades me ofrece la estrategia de crecimiento seleccionada?

	¿Qué amenazas supone la estrategia de crecimiento seleccionada?
Fortalezas y debilidades	¿Cuáles son mis fortalezas para enfrentar la estrategia seleccionada?
	¿Cuáles son mis debilidades para enfrentar la estrategia seleccionada?
Contexto	¿Qué cambios se están dando en el contexto o se darán en el corto y mediano plazo?
Negociación	¿Es suficiente mi flujo de efectivo?

¿Es suficiente mi flujo de efectivo?

SI	NO

¿Cómo me perciben mis probables fuentes de financiamiento?

¿Tengo la capacidad para manejar las finanzas de la empresa?

SI	NO

Herramienta No. 5

PREGUNTA	DEFINICIÓN	ANÁLISIS
¿Qué necesidad satisfago?	¿Qué problema resuelvo para mi cliente? ¿Cómo agrego valor al cliente?	
¿A qué cliente deseo servir?	¿Quién es mi cliente? ¿Cómo comprará mi producto o servicio? ¿Dónde comprará mi producto o servicio? ¿Cuántos clientes existen?	
¿Qué precio relativo cobraré?	¿Cuánto pagaría el cliente por mi producto o servicio? Más precisamente, ¿Cuánto pagaría por la necesidad o el problema que le resolveré? ¿Cómo pagaría?	
¿Cómo lo haré?	¿Cuál será mi estrategia? ¿Cómo seré diferente? ¿Cómo aseguraré que el cliente conozca el problema que le resuelvo?	
¿En qué negocio estoy?	¿Qué estoy vendiendo en realidad? Hágase esta pregunta en términos de su cliente, no de lo que usted ofrece. Por ejemplo, si usted vendiera barrenos eléctricos, está en el negocio de "agujeros".	
¿Qué debemos eliminar en el negocio?	¿Qué debería eliminar completamente de su propuesta de servicio para cumplir con su estrategia? ¿Qué debería eliminar que el cliente no valora?	

¿Qué debemos aumentar en el negocio?	¿Qué debe agregar o hacer más de acuerdo a lo que valora el cliente?	
¿Qué debemos reducir en el negocio?	¿Qué debe reducir o minimizar, que no agrega tanto valor para el cliente?	
¿Qué debemos crear en el negocio?	¿Qué no existe actualmente pero que agregará valor al cliente y es necesario adicionar?	

Zona de inspiración

Escriba sus ideas novedosas generadas por el aprendizaje que le ayudarán en el logro de sus sueños.

Zona de inspiración

Escriba sus ideas novedosas generadas por el aprendizaje que le ayudarán en el logro de sus sueños.

 **Bibliografía**

- Anónimo. **Ciclo de vida de un negocio.** Fecha de consulta: 14 de octubre der 2011. En línea: http://www.emprendedores.cl/desarrollo/mantenedores/art_indice.asp?art_id=391

- Kaplan, Steve (2008) **Sea el elefante.** Edifique una empresa más grande y mejor.Grupo Nelson

- Iaquinto, A. y Spinelli, A. (2006) **Never Bet The Farm.** Jossey-Bass

- Osterwalder Alexander (2010) **Business Model Generation.** Fecha de consulta 02 de febrero de 2012. En línea http://javiermegias.com/blog/2011/11/herramientas-el-lienzo-de-modelos-de-negocio-business-model-canvas/

 **Para profundizar**

Atendiendo a su interés de autodesarrollo, encontrará bibliografía del tema desarrollado en el curso. Las referencias pueden ser de utilidad en su trabajo.

- Zelaya, Julio (2009) La Travesía del Emprendimiento. Del Sueño a la realidad de ser Empresario. Volumen I. La Decisión de Emprender. The Learning Group.

- Zelaya, Julio (2009) La Travesía del Emprendimiento. Del Sueño a la realidad de ser Empresario. Volumen II. El Arranque de Operaciones. The Learning Group.

- Zelaya, Julio (2009) La Travesía del Emprendimiento. Del sueño a la realidad de ser Empresario. Volumen III. Ventas y Construcción de Marca. The Learning Group.

 **Glosario**

Diferenciación del producto.

Estrategia de marketing que trata de resaltar las características del producto, sustanciales o simplemente accesorias, que pueden contribuir a que sea percibido como único.

Emprendimiento.

La palabra emprendimiento proviene del francés entrepreneur (pionero), y se refiere a la capacidad de una persona para hacer un esfuerzo adicional por alcanzar una meta u objetivo, siendo utilizada también para referirse a la persona que iniciaba una nueva empresa o proyecto, término que después fue aplicado a empresarios que fueron innovadores o agregaban valor a un producto o proceso ya existente

Valor para el cliente.

Utilidad (o beneficios menos precio) de una oferta de producto para un cliente, tal como lo define el proveedor o tal como lo percibe el cliente, o ambas cosas.

Evaluación (Conocimientos)

Resuma las etapas del ciclo de emprendimiento que siguió Joseh William Foster, el creador de la famosa marca mundial de zapatos: Reebok.

Joseph William Foster de Bolton, Inglaterra, corredor entusiasta y miembro de los "Bolton PrimroseHarrier", quería un par de zapatos de atletismo para correr. Con algunos ahorros, a principio de 1890, él mismo se fabricó manualmente unos, creando así el primer par de zapatos para correr, los "Spike of Fire"(zapatos con clavos de fuego).

Posteriormente Foster los empezó a fabricar, siempre a mano, para los otros corredores. Joseph fue perfeccionando su técnica e instaló su propio negocio, haciendo zapatos de atletismo. Debido al éxito de este calzado, atletas de élite de todas partes de Inglaterra, y de otras partes del mundo, empezaron a encargar sus Fosters. Los zapatos "Foster Deluxe Spike" eran un modelo tecnológicamente avanzado que cambió para siempre las carreras y se mantuvo como el mejor zapato para correr por casi 50 años. Así, a partir del 1900, la compañía empezó a desarrollar una clientela internacional de atletas. Pero Foster desarrolló una "medida personal" diseñada para cada pie, siendo los primeros en intentar dar a cada corredor un producto ajustado a su propio tamaño de pies.

Los productos Foster fueron usados en los Juegos Olímpicos de Paris 1924, por Harold Abrahams, Eric Liddell, Lord Burteigh, entre otros, que además fueron inmortalizados en la película "Carrozas de Fuego".

Dos de los nietos del fundador, Joseph y Jeffrey Foster, vieron el poco crecimiento del negocio de la familia. Después de haber viajado por el mundo y ver el crecimiento del negocio de los deportes, empezaron con su propia compañía: Mercury. Una vez ya registrada la compañía, Jeffrey consultó un diccionario y descubrió la palabra "Reebok", que significa "Gacela Africana", llamando así oficialmente a la compañía.

Aplicando la siguiente herramienta ¿Cómo se generó el proceso de emprendimiento en el nacimiento de Reebok?

Rio

Nacimiento	Vertientes
Lugar donde se origina (antecedentes)	Afluentes que ingresan (influencia externa)

Cause	Ribera
Ruta que toma (dinámica)	Lugares que rodean (contexto)

Lecho	Desembocadura
Fondo (estructura)	Posibles lugares donde caiga (tendencia)

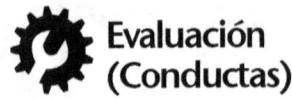 **Evaluación (Conductas)**

Usted deberá realizar una tarea de emprendimiento. Se le darán 5 insumos (un lema a escoger, un capital semilla, una ubicación geográfica, algunos posibles productos y un equipo de 5 personas)

1) Lemas

1.1 Posibilidades infinitas (Liz Clarbone)

1.2 Piensa diferente (Apple)

1.3 Todo a su alcance (AT & T)

1.4 ¿Dónde quiere llegar hoy? (Microsoft)

1.5 Construyendo un mundo mejor (Cemex)

2) Un capital semilla de $50,000.00

3) Una isla en el Caribe

4) Helados de coco, frutas (mangos y piñas), turismo, cabañas para turismo ecológico...

5) Un equipo de cinco personas para apoyar la tarea.

Con todo esto, desarrolle una idea original para iniciar o mejorar un emprendimiento.

_____

_____

_____

_____

_____